LA RÉPUBLIQUE VIVRA

PAR

M. Charles Baïhaut
Député de la Haute-Saône,
Membre du Conseil général.

BELFORT
Imprimerie J. SPITZMULLER
1879

I

AVANT-PROPOS

Chers concitoyens,

Sous un régime de suffrage universel, le député, pour représenter réellement ses électeurs, a le devoir de se mettre en communication fréquente avec eux.

Voilà pourquoi je saisis toutes les occasions de vous exposer par la parole, dans nos réunions ou nos banquets, et ce que nous avons fait, et ce qui nous reste à faire.

Voilà pourquoi, chaque année, je consacre la plus grande partie des vacances à vous rendre visite dans vos communes, où je puis étudier sur place vos besoins et vos désirs.

Voilà pourquoi, enfin, je vous adresse aujourd'hui ce petit livre, écrit par un homme de bonne foi et de bonne volonté, dont la plus grande joie consiste à s'efforcer de faire un peu de bien, en échange de votre estime et de votre affection.

La pensée de publications analogues n'a-t-elle pas déjà contribué à me faire connaître de vous ?

Je vous remercie de l'excellent accueil que vous leur avez réservé, et je suis tout ému lorsque, dans mes promenades, entrant sous un toit modeste, au fond de l'un de nos hameaux les plus lointains, je vois le maître du logis ouvrir la vieille armoire, pour en tirer un de mes petits livres à couverture bleue, verte, grise ou jaune, conservé avec soin parmi les souvenirs de famille.

A la fin de 1875, j'ai commencé par une brochure, intitulée :

La République, c'est la paix,

où je vous rappelais que l'empire et la royauté nous ont toujours donné la guerre.

Quelques semaines après, j'insistais sur l'importance que présentaient, au point de vue des destinées de la France :

Les élections des sénateurs.

Dans les premiers mois de 1877, je consacrais à la question de l'instruction publique quelques pages réunies, sous la formule suivante :

La République, c'est la lumière.

Enfin, dans la période précédant le scrutin du 14 octobre 1877, je résumais ainsi nos revendications :

La France veut la paix,
» l'ordre,
» la liberté,
» l'économie.
La France veut la République.

Actuellement, je vous envoie un compte-rendu sommaire et fidêle des progrès accomplis. Je m'étais engagé à le faire, alors que je me présentais à vos suffrages. J'ai voulu tenir cette promesse, comme je tiendrai toutes les autres, et je signe mon petit livre le 14 octobre, date où vous m'avez fait l'honneur, il y a deux ans, de me choisir pour votre réprésentant.

La nation peut d'ailleurs, sans inquiétude, épanouir son génie dans le travail :

La République vivra.

Mollans, 14 octobre 1879.

II

L'EMPIRE ET LA DÉFENSE NATIONALE

Notre histoire dans ces dernières années est particulièrement fertile en graves leçons ; je vous l'ai contée maintes fois. Permettez-moi de vous en rappeler encore les traits principaux. Il est nécessaire que chaque Français conserve de tels souvenirs vivants au fond de son cœur, pour inspirer à ses fils le culte de la paix et de la liberté.

Vous savez que, le 2 Décembre 1851, un grand crime fut accompli. Les meilleurs représentants furent arrêtés la nuit et jetés à Mazas ; la population de Paris fut mitraillée jusque sur les boulevards.

Si le coup d'Etat avait échoué, le coupable eût paru digne d'un châtiment exemplaire. Grâce au succès, ce président de la République, qui avait prêté serment de fidélité à la constitution républicaine, n'hésita pas à se faire proclamer empereur, et durant 18 années, il règna sur ce noble pays de France, abusant et faussant le suffrage universel qui venait de naître, gaspillant nos richesses multipliées par l'établissement des chemins de fer, portant la guerre en tous pays, de manière à nous aliéner l'Europe et l'Amérique. après avoir prononcé cette mémorable parole :

« L'empire, c'est la paix. »

Rapporteur général du budget de 1870, j'ai pu étudier dans les détails l'organisme impérial. Si la discussion s'engage à la tribune de la Chambre sur les conclusions de mon rapport, nous prouverons que, depuis 1854, la France a constamment marché vers un dénoûment fatal grâce à l'incurie de Napoléon III et de ses ministres ; nous constaterons que déjà, lors des campagnes de Crimée et d'Italie, nos troupes manquaient des ressources les plus indispensables ; nous démontrerons que la lutte contre l'Allemagne fut entreprise sans cause suffisante, pour obéir à un caprice de femme et d'espagnole ; nous établirons, en nous appuyant sur les documents officiels eux-mêmes, que, malgré les centaines de millions votés chaque année pour nos armements,

« Le ministère de la guerre n'a pu donner que :

« 154 batteries ou 924 canons,

« 1,019,264 chassepots,

« 120 cartouches par arme,

« 54,097 chevaux,

« Aux 243,171 soldats de l'armée du Rhin, « mal équipés, sans tentes de campement, sans « ambulances et sans pain. »

Il manquait sous les drapeaux 68,182 hommes sur l'effectif pour l'entretien duquel le budget avait été établi.

Il manquait 31,151 chevaux, figurant sur les contrôles comme achetés et payés, ce qui, au prix moyen de 785 francs par cheval, représentait une dépense supérieure à 24 millions.

La défaite fut immédiate, foudroyante, irréparable. L'empereur rendit son épée à Sedan, et quelques patriotes acceptèrent la lourde charge de protéger contre l'invasion le sol et les foyers.

On fit alors des prodiges, qui imposèrent le respect même au vainqueur, et c'est ainsi que, la paix faite, nous avons pu, quoique mutilés, regarder l'Europe sans rougir.

Les réactionnaires ont beaucoup reproché au parti républicain d'avoir, le 4 septembre 1870, remplacé, sans révolution, l'empire effondré dans la honte, et d'avoir prolongé la défense nationale. Pour apprécier la bonne foi de ces reproches, il est fort instructif de jeter les yeux sur les extraits des journaux monarchiques parus à cette époque :

Paris-Journal.

« La République, c'est l'apothéose du peuple.

« Le peuple c'est nous tous.

« Le peuple signerait lui-même sa déchéance, « si, République ou monarchie, il ne faisait « passer, avant tout autre soin, le devoir de la « défense nationale. »

Univers.

« Ainsi succombe l'empire de Napoléon III.

« Rien de plus honteux, rien de plus juste. »

Patrie.

« Il est évident pour tous les bons esprits que « la République s'offre présentement comme la « seule forme à l'aide de laquelle nous pouvons « espérer de repousser l'étranger d'abord, et « ensuite de relever nos ruines et panser nos « blessures. »

Français.

« Le principe essentiel de la République, c'est « qu'elle est le gouvernement du pays par lui- « même, pour la liberté. »

Gazette de France.

« La nation donnerait son dernier homme et « son dernier sou, plutôt que de signer une trève « déshonorante et désastreuse. »

Pays.

« Nous acceptons le programme du nouveau « gouvernement, nous ferons plus, nous lui « donnerons notre concours, notre concours le « plus entier. »

Figaro.

« Le gouvernement créé le 4 septembre n'a « pas eu besoin de renverser l'empire : le pou- « voir était vacant. La République est établie.

« Serrons-nous autour du drapeau de la « République, qui, seule, peut sauver la France. »

Et ailleurs, ce même journal s'opposait à ce qu'on fusillât l'empereur, — « ce général Boum « grotesque et sinistre, parce que ce n'est point « par une douleur d'une seconde qu'on venge les « meurtres, les vols et l'impudence de l'homme « qui a rendu Sedan. »

La République n'a pu sauver la France, mais elle a du moins sauvé notre honneur. Quand Bazaine eut livré Metz avec nos étendards, quand Trochu déposa les armes dans Paris affamé, quand Bourbaki battit en retraite presque aux portes de Belfort, il fallut négocier la paix. L'Assemblée élue par nos provinces découragées, dont une portion était aux mains de l'ennemi, avait par dessus tout reçu mandat de terminer la guerre. Elle était d'ailleurs pénétrée de haine et de mépris pour l'empire, si bien qu'elle vota, le 1er mars 1871, à l'unanimité moins six voix, la résolution suivante :

« L'Assemblée nationale clôt l'incident, et « dans les circonstances douloureuses que « traverse la patrie, en face de protestations et « de réserves inattendues, confirme la déchéance « de Napoléon III et de sa dynastie, déjà prononcée « par le suffrage universel, et le déclare respon- « sable de la ruine, de l'invasion et du démem- « brement de la France. »

La majorité de cette Chambre nommée dans

des conditions anormales, était, non-seulement antibonapartiste, mais encore antirépublicaine; et pourtant aucun membre ne proposa la restauration de la monarchie. Ni le comte de Chambord resté à l'étranger, ni les princes d'Orléans revenus de l'exil, ne briguèrent le périlleux honneur de rétablir l'ordre et la paix. Les vieux partis, qui devaient à brève échéance entraver par tant d'intrigues le relèvement national, eurent grand soin de laisser alors toute responsabilité au Gouvernement de la République.

La France libérale comptait au premier rang trois hommes, en qui se concentre notre histoire depuis 1870 :

Thiers,
Grévy,
Gambetta.

Gambetta avait été l'âme de la défense.

Grévy devint président de l'Assemblée.

Thiers fut choisi comme chef du pouvoir exécutif.

Aujourd'hui, Gambetta a remplacé Grévy au fauteuil de la Chambre des députés.

Grévy est le digne successeur de Thiers à la tête du Gouvernement.

Thiers est entré dans l'immortalité.

III.

THIERS, GRÉVY, GAMBETTA.

Consacrons quelques lignes rapides à chacun de ces grand noms.

Gambetta.

Gambetta est né à Cahors en 1838, dans une famille de commerçants. A peine âgé de 30 ans, il débute au barreau de Paris par un discours d'une éloquence enflammée, qui, évoquant le spectre du 2 décembre en face de Napoléon triomphant, ouvre au jeune avocat l'enceinte du corps législatif.

Il n'avait pas encore 32 ans quand le 4 septembre le met au pouvoir et le fait ministre de l'Intérieur. Il s'échappe de Paris en ballon, par une nuit sombre, au-dessus des horreurs de la guerre. En posant le pied sur le sol, il est dictateur, mais dictateur sans armée. Son patriotisme fait appel à tous, pour délivrer la terre commune, et l'histoire dira de lui ce qu'elle a dit de la Rome antique : « Lorsqu'au lendemain « de la défaite de Cannes, le consul vaincu « arriva aux portes de la ville éternelle, il « trouva le sénat, qui le félicita, dans le dé- « sastre national, de n'avoir par désespéré de « la patrie. »

Après la paix, et depuis huit années, Gambetta lutte sans relâche contre les réactionnaires coalisés, — dédaigneux de l'injure et de la calomnie, — se jetant au plus épais de la mêlée, le cœur en avant, — expérimenté avant l'âge,— tour à tour superbe d'indignation dans ses harangues, puis merveilleux de prudence, de finesse et d'esprit vraiment français, — ralliant toutes les forces républicaines au son de sa voix puissante,— contenant les impatients, entraînant les timides, — prêchant et imposant l'*opportunisme*, qui est la formule politique de la modération jointe à la fermeté.

Gambetta a aujourd'hui 41 ans. La reconnaissance de ses collègues, en le faisant président de la Chambre, l'a élevé « à un poste d'honneur, de lumière et d'attente. »

Grévy.

Grévy est né en 1811, à Mont-sous-Vaudrey ; son père était un propriétaire-cultivateur ; ses frères sont, l'un gouverneur de notre colonie algérienne, l'autre général d'artillerie.

En 1830, n'ayant pas 20 ans, il prend les armes pendant les *Trois Glorieuses*, pour défendre le droit et la liberté menacés par le ministère Polignac. — Voici le portrait qu'on en trace à cette époque : — « C'est un jeune « homme au front haut, à la lèvre délicate, au « sourire grave et légèrement moqueur. Au « premier aspect, il semble svelte ; mais il a les « muscles solides, les épaules larges, le jarret « bien tendu des Francs-Comtois. »

Inscrit au barreau de Paris, il se fait remarquer par un talent sobre et austère, ennemi de la phrase, puisant la force dans l'étendue et la profondeur de la pensée.

Député du Jura, il intervient dans la discussion de la Constitution de 1848. Sa clairvoyance l'amène à combattre la candidature d'un Bonaparte comme Président, et plus tard à s'opposer de toute son énergie à l'expédition de Rome.

Esclave du devoir, soucieux de l'estime publique, mais dénué d'ambition personnelle et ne recherchant point la popularité, Grévy a dirigé depuis 1871 les débats parlementaires avec une élévation et une impartialité rares, ne prenant jamais la parole sans avoir quelque chose de grave à faire entendre au pays.

Le congrès lui a confié cette année la magistrature suprême, comme « au plus digne », suivant l'expression de Gambetta.

Il inspire le respect, même à ses adversaires ; nul ne pouvait, mieux que ce grand honnête homme, représenter « la majesté sereine de la République triomphante. »

Thiers.

Thiers est né à Marseille, en 1797. Son père était un petit bourgeois ; sa mère était cousine du poète André Chénier et de Marie-Joseph Chénier, membre de la Convention.

Après avoir été boursier au lycée de Marseille, puis étudiant à Aix, il s'établit à Paris, avec sa mère devenue veuve, et une fortune totale de deux mille francs. Il débute par le journalisme et consacre quatre années à son *histoire de la Révolution française*, qu'il devait compléter plus tard par son *histoire du Consulat et de l'empire*, et qui apparaît, en pleine réaction royaliste, comme une revendication courageuse des droits de la justice et de la vérité.

Le ministère Polignac arrive aux affaires, disant : « La légalité nous tue. » Thiers répond : « Nous vous tuerons par la légalité. »

Le 26 juillet 1830, paraissent les ordonnances royales, qui suspendent la presse et dissolvent la Chambre. — Thiers rédige la fameuse protestation des journalistes, tandis que Guizot rédige celle des députés.

La Révolution, — dont Thiers fut le véritable

promoteur, et durant laquelle Grévy prit les armes, — remplace le roi de droit divin Charles X et le drapeau blanc par le roi constitutionnel Louis-Philippe et le drapeau tricolore. De 1830 à 1848, Thiers est plusieurs fois ministre; la monarchie de juillet tombe avec Guizot.

En 1848, Thiers se rallie à la République :

« Je souhaite, disait-il, que le gouvernement « de la Révolution reste dans les mains des « hommes modérés, mais quand le gouverne- « ment passèra dans les mains d'hommes moins « modérés que moi et mes amis, dans les mains « des hommes ardents, je n'abandonnerai pas « ma cause pour cela, je serai toujours du parti « de la Révolution. »

Le 2 décembre 1851, il a l'honneur d'être emprisonné par les auteurs du coup d'Etat.

Sous l'empire, son salon devient le centre de l'opposition libérale de toutes nuances. Il rentre au Parlement, nommé par cette circonscription de Paris qu'il devait représenter jusqu'à sa mort, et combat le funeste projet de l'expédition du Mexique. Il lutte ensuite contre le plébiscite, puis s'élève avec toute l'ardeur de son patriotisme contre la guerre allemande, couvert d'injures par ses adversaires et répondant à leurs outrages :

— « Offensez-moi ! insultez-moi ! Je suis prêt « à tout subir pour défendre le sang de mes « concitoyens, que vous êtes prêts à verser aussi » imprudemment. »

Tel est l'homme qui, après s'être rendu, malgré ses 74 ans, au nom du gouvernement de la Défense nationale, à Londres, à Vienne, à St-Pétersbourg, à Florence, pour plaider la cause de la France envahie, fut élu député, le 8 février 1871, par 26 départements, et choisi comme chef du pouvoir exécutif de la République française, sur la proposition de MM. Grévy, Dufaure et Victor Lefranc.

C'est alors qu'il négocia la paix, conservant Belfort à la patrie, et conduisit à bonne fin l'œuvre de notre libération.

Dès sa nomination, il exposait ainsi son programme :

« Pacifier, réorganiser, relever le crédit, rani-
« mer le travail, voilà la seule politique possible
« et même concevable en ce moment. A celle-
« là, tout homme sensé, honnête, éclairé, quoi
« qu'il pense sur la monarchie ou sur la Répu-
« blique, peut travailler utilement, dignement ;
« et n'y eût-il travaillé qu'un an, six mois, il
« pourra rentrer dans le sein de sa famille, le
« front haut, la conscience satisfaite.

« Quand cette œuvre de réparation sera ter-
« minée, — et elle ne saurait être bien longue, —
« le temps de discuter, de peser les théories de
« gouvernement sera venu, et ce ne sera plus un
« temps dérobé au pays..... Ayant opéré notre
« reconstitution sous le gouvernement de la
« République, nous pourrons prononcer en con-
« naissance de cause sur nos destinées, et ce

« jugement sera prononcé, non par une mino-
« rité, mais par la majorité des citoyens, c'est-
« à-dire par la volonté nationale elle-même. »

Le 27 mars 1871, il s'exprimait en ces termes :

« A ceux qui nous accusent de préparer une
« solution monarchique, j'oppose le démenti le
« plus formel. Je le répète encore une fois, nous
« avons trouvé la République comme un fait
« accompli, nous avons pris le gouvernement
« avec ce fait, rien dans nos actes ne tendra à
« changer le fait établi. Je ne trahirai pas la
« forme de gouvernement que nous avons trou-
« vée. Je le jure devant Dieu et devant les
« hommes. »

Le 23 novembre 1872, il écrivait :

« Je soutiens la République, parce que mon
« honneur y est engagé, et parce que ma raison
« me dit que c'est une nécessité. Mon honneur
« est engagé à soutenir la République, parce
« que c'est elle dont le dépôt m'a été confié par
« le pacte de Bordeaux. »

Le 1er mars suivant, il annonça que le 5 septembre, le dernier soldat allemand aurait repassé la frontière : L'Assemblée déclara que Thiers avait bien mérité de la patrie.

Ainsi donc, Thiers, chargé d'ans et de gloire semblait plus que jamais digne de la confiance publique. La France, dans toutes les élections partielles, se proclamait républicaine, et la République elle-même était à l'abri de toute atteinte entre les mains loyales à qui elle avait été remise.

Mais les factions rétrogrades ne pouvaient aimer l'homme de la Révolution. Après avoir espéré le faire servir à leurs desseins, elles le considéraient comme un obstacle. Elles avaient courbé le front en 1871, ne se souciant pas de réparer elles-mêmes les ruines de la guerre. L'œuvre de relèvement accomplie, elles redressaient la tête et conspiraient au grand jour.

Thiers ayant constitué, pendant les vacances d'avril 1873, un ministère républicain, fut vivement attaqué dès la rentrée par le duc de Broglie, auquel il jeta du haut de la tribune cette foudroyante réplique :

« On nous dit avec une pitié dont j'ai été très « touché, qu'on plaignait notre sort, que nous « allions être des protégés — des protégés de « qui ? — du radicalisme. On m'a prédit à moi « une triste fin ; je l'ai bravée plus d'une fois « pour faire mon devoir, je ne suis pas sûr que « je l'aie bravée pour la dernière fois.....

« Je remercie l'orateur de ses sentiments com« patissants. Qu'il me permette de lui rendre la « pareille et de lui dire aussi que, moi, je le « plains. De majorité, il n'en aura pas plus que « nous ; mais il sera un protégé aussi, je vais « lui dire de qui ! — d'un protecteur que l'an« cien duc de Broglie aurait repoussé avec « horreur : Il sera le protégé de l'empire. »

L'ordre du jour des droites ayant réuni, le 24

mai, 360 suffrages contre 344, soit une faible majorité de 16 voix, Thiers, fidèle observateur des règles parlementaires, donna immédiatement sa démission et fut remplacé, sur la proposition du général Changarnier, par le maréchal de Mac-Mahon.

La postérité n'oubliera point que le maréchal de Mac-Mahon payait ainsi par l'ingratitude celui qui, en 1871, avait tiré de l'oubli, pour le mettre à la tête de nos forces militaires, le vaincu de Reischoffen et de Sedan.

Elle n'oubliera pas surtout qu'un groupe de légitimistes, d'orléanistes et de bonapartistes, uniquement chargés de conclure la paix, choisissait l'heure même où le dernier prussien quittait notre sol, pour arracher le pouvoir à celui que la France appelait le *Libérateur du Territoire.*

Au reste, l'espoir des réactionnaires ne se réalisa point ; ils ne purent s'entendre sur le genre de monarchie, dont il convenait de nous gratifier.

En septembre 1873, la royauté semblait pourtant à la veille d'éclore ; le comte de Paris, malgré le testament de son père, le duc d'Orléans, venait de se rendre à Frosdorff et de se déclarer l'héritier très humble du comte de Chambord. — C'est alors que Thiers écrivait :

« Bientôt nous aurons à défendre, non-seulement la République qui, pour moi, reste le seul gouvernement capable de rallier, au nom de l'intérêt commun, les partis si profondément divisés, mais tous les droits de la France,

« ses libertés civile, politique et religieuse, son « état social, ses principes qui, proclamés en « 1789, sont devenus ceux du monde entier, « son drapeau, enfin, sous lequel l'univers la « connaît. C'est tout cela qu'il nous faudra dé- « fendre, non par des moyens faciles à déna- « turer, mais par la froide et solide raison. »

Un an plus tard, il s'exprimait comme suit, avec sa pénétration ordinaire :

« On a renversé un gouvernement qui avait « fait la paix, rétabli l'ordre, le crédit, les « finances, l'armée, parce qu'il ne se prêtait pas « au rétablissement de la monarchie. — Eh bien, « cette monarchie, l'a-t-on rétablie ? — Non. — « On a usé le temps et les forces du pays en « tiraillements qui nous affaiblissent et qui, « aux yeux de l'Europe, ne nous laissent même « point l'apparence d'une politique ferme, arrêtée « dans ses vues, sachant et pouvant ce qu'elle « veut. La question reste donc la même. La « monarchie ne répond pas à l'état des choses « et des esprits en France. D'ailleurs, la con- « currence de trois partis voulant des dynasties « et des institutions différentes, prêts à se co- « aliser contre le trône qu'on aurait élevé, rend « toute monarchie pratiquement impossible. — « Eh bien, puisqu'on ne peut avoir la monarchie, « il faut avoir la République, l'avoir sage, bien « ordonnée, mais franche, sincère, s'appelant de « son nom, pour n'être pas d'avance déconsi- « dérée comme un mensonge. »

Le 25 Février 1875, l'Assemblée nationale elle-même ratifiait en quelque sorte les paroles précédentes ; elle votait la Constitution qui nous régit et se séparait enfin l'automne suivant, après avoir fait bon gré mal gré la République.

Elu, le 30 janvier 1876, sénateur de Belfort et, le 20 février, député de Paris, Thiers préféra ce dernier siége et prit place au milieu des 363 représentants républicains, dont la nomination par le suffrage universel affirmait une fois de plus la volonté de la patrie française.

IV

LE 16 MAI

Je vous ai dit que les élections de 1876 avaient envoyé siéger à Versailles une majorité compacte de députés républicains. Mais le maréchal de Mac-Mahon avait été placé à la présidence par les hommes de la réaction, politiciens d'aventure, qui continuaient à projeter le renversement de la République, sans savoir quel gouvernement ils édifieraient sur ses ruines. Ils avaient, dès le premier jour, résolu de se débarrasser, sous un prétexte quelconque, de cette assemblée, où l'on se permettait d'être républicain, conformément au vœu de la nation.

Le 24 juin 1876, Gambetta résumait ainsi les aspirations des gauches :

« Du travail, des écoles, de la justice, voilà « notre programme ; nous n'y faiblirons pas, « parce que tous, quel que soit notre tempé- « rament, quelles que soient nos tendances, « dans les rangs du parti républicain, nous « n'avons qu'un dogme, nous n'avons qu'une « volonté : le triomphe d'une démocratie paci- « fique et libre. »

Le 22 juillet, à propos de la nomination d'un maire dans le Gers, M. de Cassagnac ayant osé faire à la tribune, l'apologie du 2 décembre, M. Albert Grévy proposait l'ordre du jour suivant :

« La Chambre des députés, affirmant de « nouveau sa confiance en M. le ministre de « l'Intérieur, et convaincue que, dans le choix « des fonctionnaires de la République, le Cabinet « n'oubliera jamais les devoirs que lui impose « le décret de déchéance du 1er mars 1871, « passe à l'ordre du jour. »

Le 4 mai 1877, à la suite d'imprudences cléricales qui *risquaient d'amener une guerre avec l'Italie,* 361 voix, contre 121, adoptaient un nouvel ordre du jour ainsi conçu, accepté par le Cabinet :

« La Chambre, considérant que les mani- « festations ultramontaines, dont la recru- « descence pourrait compromettre la sécurité « intérieure et extérieure du pays, constituent « une violation flagrante des lois de l'Etat, « invite le gouvernement, pour réprimer cette « agitation antipatriotique, à user des moyens « légaux dont il dispose, et passe à l'ordre du jour. »

Le 16 Mai, date mémorable, on apprend que le président du Conseil, M. Jules Simon, qui n'était pourtant pas un révolutionnaire, est congédié par le maréchal, à l'instigation, disait-on, du révérend père Tondini, confesseur de la maréchale.

Le 17, 355 voix, contre 154, déclarent que la majorité ne saurait accorder sa confiance qu'à un Cabinet libre de son action.

Le 18, la Chambre est prorogée pour un mois, et les députés républicains, réunis à l'hôtel des Réservoirs, nomment un comité directeur, de 18 membres.

Le 1er juin, Gambetta s'écrie :

« Nous avons l'air de combattre pour la forme « du Gouvernement, pour l'intégrité de la Cons- « titution. La lutte est plus profonde. La lutte « est entre tout ce qu'il reste du vieux monde, « des vieilles castes, des privilégiés des anciens « régimes, entre les agents de la théocratie « romaine — et les fils de 89. »

Le 16 juin, la Chambre reprend ses séances. M. de Fourtou, ministre de l'Intérieur dans le nouveau Cabinet, présidé par le duc de Broglie, ayant qualifié l'Assemblée de 1871 de « libératrice « du Territoire, » une voix tonnante s'élève d'un banc des gauches :

« *Le Libérateur du Territoire, le voilà !* »

C'est celle de Gambetta qui, au milieu d'acclamations enthousiastes, désigne du doigt Thiers, assis à son banc et baissant le front pour cacher ses larmes. — Gambetta s'élance à la tribune et malgré le tumulte, après 1191 interruptions, signalées à l'*Officiel*, termine ainsi un de ses plus admirables discours :

« En 1830, on est parti 221, et l'on est revenu

« 270; j'affirme que, partant 363, nous revien-
« drons 400. »

Le 18 juin, M. Jules Ferry, pose cette question :

« Sommes-nous sous l'épée d'un maréchal de
« France ou sous l'égide des lois ? »

Le 19, le vote contre le ministère réunit 363 suffrages contre 158, après une dernière intervention de Gambetta, qui lance aux meneurs du complot ce superbe avertissement :

« L'ordre du jour est l'affirmation de l'union
« de tous les conservateurs républicains et pa-
« triotes, et cette union est toute naturelle, car
« le pays nous en donne à la fois l'ordre et
« l'exemple.

« Nous allons revenir devant lui ; il ne s'agira
« plus alors, ni d'interruptions, ni d'outrages ;
« il faudra que tout le monde, — tout le monde
« sans exception, — courbe la tête devant la
« décision du seul maître que nous reconnais-
« sions. »

Le 22, le Sénat vote la dissolution. par 150 voix contre 130.

Le 25, Grévy lit le décret de dissolution et laisse tomber, du haut de son fauteuil présidentiel, le jugement que la nation devait ratifier :

« Le pays devant lequel la Chambre va re-
« tourner dira bientôt que dans sa trop courte
« carrière, elle n'a pas cessé un seul jour de
« bien mériter de la France et de la République. »

C'est sous l'impression de ces graves et solennelles paroles que commence la période de cinq mois, dont vous n'avez pas perdu le souvenir.

Thiers, Grévy, Gambetta dirigent la lutte.

Grévy avait donné pour mot d'ordre au suffrage universel :

« Réélection des 363. »

Le 8 juillet, Gambetta répond à une députation de Français établis en Suisse :

« Vous pouvez dire à vos amis que la santé « de M. Thiers, de l'homme qui a rendu et rend « encore tant et de si éminents services à son « pays, n'a jamais été plus solide ni plus bril- « lante ; que son esprit n'a jamais été plus « lucide, plus alerte, et qu'il est véritablement « surprenant de force, de grâce et de clair- « voyance..... Ce que je vous dis là, la France « le sait, et c'est ce qui met nos adversaires de « méchante humeur.

« Quant à moi, j'ai ma place de combat dans « les rangs de la démocratie ; je la sers comme « j'entends la servir, c'est-à-dire avec désinté- « ressement et sans arrière-pensée. La France « n'a pas besoin d'élever des hommes plus haut « que les autres. Elle a le droit de réclamer « que chacun de ses enfants soit un serviteur « passionné de sa gloire et de sa prospérité. »

Et le 15 août, à Lille, il retrace notre histoire depuis 1870, montre Thiers renversé pour avoir obéi aux lois de la politique, dénonce les tentatives faites pour restaurer une des trois formes de la monarchie, rappelle enfin que la Chambre a été dissoute pour avoir défendu la paix européenne. Il achève par une formule frappante ce manifeste, pour lequel il est condamné quelques jours après à 2.000 francs d'amende et à trois mois de prison :

« Quand la France aura fait entendre sa voix « souveraine, il faudra choisir : *Se soumettre « ou se démettre.* »

Le 23 septembre, le *Journal officiel* publie un décret convoquant les électeurs pour le 14 octobre, et les journaux républicains reproduisent une longue lettre de Thiers se résumant dans ces mots :

« Souveraineté nationale.
« République.
« Liberté.
« Légalité scrupuleuse.
« Liberté des cultes.
« Paix. »

Cette lettre était comme le testament politique de l'illustre homme d'État, que la mort venait de frapper à Saint-Germain, le 3 septembre, à l'âge de 80 ans.

Un million d'hommes, dans Paris en deuil, ont suivi son char funèbre. Sa tombe a pour épitaphe :

« *Patriam dilexit, veritatem coluit.* »

« Il aima sa patrie, il eut le culte de la vérité. »

Quelques jours après, la France donnait raison à la politique de Thiers, de Grévy et de Gambetta.

Les 363 sont actuellement remplacés par 388 députés républicains.

V

Les procédés de MM. de Broglie, de Fourtou et Cie

« Il était une fois une jeune République, que l'on avait chargée de porter aux âges futurs le travail, la paix et la liberté.

« En route, elle eut la malencontreuse idée de s'amuser à marivauder avec des papillons blancs légitimistes et à faire des bouquets de violettes bonapartistes.

« Survint un méchant loup, qui répondait au double nom de Fourtou-Broglie.

« Il questionna le petit Chaperon rouge et apprit où il allait. Vite, vite il s'empressa de courir devant, et après avoir croqué tous les fonctionnaires républicains qui attendaient la jeune République, il se coucha dans leur lit.

« Quand l'enfant arriva, le loup lui dit :

— « Viens te placer près de moi, ma petite. »

Mais à peine couchée, elle eut peur :

— « Oh ! grand maman, que vous avez de grands yeux ! »

« C'est pour mieux te voir, mon enfant. »

— Grand maman, comme vous avez une grande bouche ! »

« C'est pour te donner des baisers plus larges, mon enfant. »

— « Grand maman, comme vous avez de drôles de candidats ! »

« C'est pour mieux faire respecter ta constitution, mon enfant. »

— « Grand maman, comme vous avez de grandes dents ! »

« C'est pour mieux te..... »

. . . .

Ce conte du petit Chaperon rouge ne vous rappelle-t-il pas l'histoire du 16 mai ?

Le maréchal de Mac-Mahon s'intitule président de la République et s'exprime comme suit dans ses manifestes :

Premier manifeste. — « On vous dira que je veux renverser la République ; vous ne le croirez pas. »

Second manifeste. — « Non, la constitution républicaine n'est pas en danger. »

Pendant ce temps, les *candidats du Maréchal* tiennent un langage, dont voici quelques échantillons :

M. Paul de Cassagnac. — « La République me tuera, ou je tuerai la République. »

M. Cunéo d'Ornano. — « Nous ferons de la

« République et des républicains une pâtée dont « les chiens eux-mêmes ne voudront pas. »

O peuple de France, épris d'honneur et de franchise, entre quelles mains étaient tombées tes destinées !

On a dit avec raison que le 16 mai n'avait été qu'une vaste « *entreprise électorale* » : Je ne veux certes point passer en revue les divers procédés auxquels ces «*entrepreneurs*» médiocres ont eu recours pour essayer de fausser le verdict de la nation, durant cette période où le *Bulletin des communes,* par exemple, insultait officiellement les 363 et s'attirait le surnom de *Menteur des communes.*

Quelques chiffres suffiront dans leur éloquence :

Conseils municipaux dissous	613
Maires et adjoints suspendus ou révoqués	3,077
Cercles, sociétés, comices agricoles dissous	344
Débits de boissons fermés	2,067
Fonctionnaires révoqués	1,385
Fonctionnaires déplacés	4,779
Le nombre des poursuites atteint	1,656

Les condamnations s'élèvent en argent à 1,034,353 francs, et en prison à 46 ans 3 mois 16 jours.

On n'a pu établir le montant des dépenses faites par le ministère pour travailler au succès des candidatures officielles ; les éléments qu'on a réunis donnent déjà un total supérieur à 8 millions de francs.

En ce qui concerne notre circonscription de Lure, j'estime qu'il est bon de placer sous vos yeux quelques-unes des dépêches télégraphiques envoyées avec un chiffre spécial, mais retrouvées, traduites et publiées par les soins de la commission d'enquête.

« Lure, le 11 août 1877.

« *Sous-préfet à maire Luxeuil pour sous-préfet (à Luxeuil.)*

« Je reçois dépêche suivante de Champagney :

« *Maire à sous-préfet Lure.*

« Viens d'être informé qu'une réunion publi-
« que organisée par les partisans Baïhaut aura
« lieu à Champagney, ce soir, dans une partie
« de bâtiment au-dessus d'une tannerie louée,
« dit-on, par Ferguson. Dois-je l'empêcher ?

Signé : « RUFFIER. »

« *Pour le sous-préfet, le chef de bureau,*

Signé : « VUILLEMOT. »

« Lure, le 13 août 1877 (8 h. matin).

« *Sous-préfet à maire Champagney.*

« Avisez-moi par télégramme de ce qui s'est
« passé hier à Champagney.

Signé : « Comte de la ROCHETTE. »

Combien nos réunions, faites au grand jour, en observant toutes les prescriptions de la loi, troublaient la quiétude de nos adversaires, qui d'ailleurs, invités à y assister, se gardaient bien de s'y rendre !

« Vesoul, le 25 septembre 1877.

« *Préfet à sous-préfets Gray et Lure.*

« Adressez-moi aussi rapidement que possible
« une notice sur les candidats appuyés par
« l'administration dans votre arrondissement.
« Peut-être conviendrait-il, pour la promptitude
« et la sûreté, de leur demander à eux-mêmes
« les éléments de cette notice.
« Adressez-moi également une note analogue
« sur chaque candidat de l'opposition dans votre
« arrondissement.

« *Le Secrétaire général,*

Signé : « RAOUL REGNAULT. »

Voilà des notices qu'il serait curieux de lire.

« Vesoul, le 22 sept. 1877 (6 h. soir.)

« *Préfet à sous-préfet Lure.*

« Envoyez par retour du courrier les renseigne-
« ments demandés le 15 septembre sur Petithory.

Signé : « Comte de MASIN. »

« Lure, le 22 sept. 1877 (8 h. soir.)

« *Sous-préfet à Préfet Vesoul.*

« Je n'ai pas encore les renseignements de-
« mandés le 15 sur Petithory. Je les réclame

« d'urgence, mais ne pourrai probablement pas
« les envoyer avant lundi, à moins de les recevoir
« demain matin.

Signé : « Comte de la ROCHETTE. »

Compliments à nos fidèles amis du Magny d'Anigon.

« Vesoul, le 24 sept. 1877 (11 h. matin.)

« *Préfet à sous-préfet Lure.*

« Le ministre de l'Intérieur, avant de provo-
« quer la dissolution du Conseil municipal de
« Courchaton, désire savoir s'il existe au sein de
« ce Conseil un membre conservateur qui pour-
« rait être délégué pour faire l'intérim de la
« mairie. Il se bornerait, pour le moment, à
« révoquer l'adjoint qui fait fonctions de maire.
« Réponse immédiatement.

« *Le Secrétaire général,*
Signé : « Raoul REGNAULT. »

« Vesoul, le 24 sept. 1877 (3 h. 20 soir.)

« *Préfet à ministre Intérieur Paris (urgence.)*

« Il est urgent de suspendre la municipalité
« de Courchaton; le seul conservateur du Con-
« seil municipal est encore plus impossible
« comme maire intérimaire que celui dont je
« vous demande la révocation. Il n'y a pas
« d'adjoint. Le seul parti à prendre, à mon avis,
« est de nommer la Commission municipale
« choisie exprès complètement en dehors du
« Conseil municipal. Cette mesure est pour ainsi
« dire connue, puisque j'ai dû m'assurer de
« l'acceptation des membres de la future Com-
« mission.

« Ne pas donner suite à mes propositions
« produirait un mauvais effet, surtout en vue
« des élections.

Signé : « Comte de MASIN. »

On révoqua, en effet le Conseil municipal élu de Courchaton, sans indiquer aucun motif, — et cela parce qu'il n'y en avait pas.

Résultat : Une forte majorité dans cette commune, au scrutin du 14 octobre, pour le candidat indépendant.

« Lure, le 25 septembre 1877.

« *Sous-préfet à préfet Vesoul.*

« D'après les renseignements qui m'arrivent, il
« est indispensable suspendre maire et adjoint de
« Quers. J'ai dans le Conseil municipal un con-
« servateur énergique, le 9e du tableau, qui sera
« un excellent maire, pourvu que le ministre le
« nomme.

Signé : « Comte de la ROCHETTE. »

Le « conservateur énergique » fut désigné, et la commune de Quers resta républicaine.

« Lure. le 28 sept. 1877 (10 h. matin.)

« *Sous-préfet à préfet Vesoul.*

« Le sieur X., récemment condamné à un mois
« de prison pour coups et blessures, a reçu ordre
« de se constituer prisonnier le 30 courant.
« Permission périmée. Prière de demander nou-
« veau délai à procureur général, qui peut seul
« accorder. — X., très conservateur. Attends
« réponse.

Signé : « Comte de la ROCHETTE. »

Pas dégoûté, « l'ordre moral. » Toutes les voix pèsent dans la balance.

« Lure, le 2 octobre 1877 (8 h. 20 matin.)

« *Sous-préfet à maire Héricourt.*

« Veuillez d'urgence me répondre télégraphi-
« quement si oui ou non, vous avez fait afficher
« les placards portant désignation du candidat
« du gouvernement.

Signé : « Comte de la ROCHETTE. »

« Vesoul. le 2 oct. 1877 (3 h. soir.)

« *Préfet à Ministre Intérieur Paris.*

« Par arrêté de ce jour je suspends M. Herr,
« maire d'Héricourt (chef lieu de canton), qui a
« refusé de faire afficher dans sa commune les
« placards de l'administration portant le nom du
« candidat conservateur. Prière de provoquer
« d'urgence la révocation de ce fonctionnaire.

Signé : « Comte de MASIN. »

M. Herr maintint son refus de s'associer à une violation de la loi; il eut l'honneur d'être révoqué, après avoir été suspendu. C'est ainsi que le Cabinet respectait la dignité des maires.

« Lure, le 3 oct. 1877 (8 h. 20 matin.)

« *Sous-préfet à préfet Vesoul.*

« Je viens de voir Martelet pour son comité.
« Il y a absolument nécessité d'obtenir au moins
« 1000 francs.

« Pour les avoir, je propose d'en demander 1500.

« Signé : « Comte de la ROCHETTE. »

L'argent est le nerf de la guerre. Il paraît que les fonds étaient bas. Le ministre fit parvenir les 1500 francs demandés.

« Lure, le 6 oct. 1877 (10 h. 30 matin).
« *Sous-préfet à préfet Vesoul.*

« D'après votre dépêche, j'avais demandé
« directement au ministère 10,000 exemplaires
« du manifeste du maréchal. J'en reçois 1,200.
« Faut-il en accuser réception ou attendre le
« complément de l'envoi ? Je n'en ai pas assez.
Signé : « Comte de la ROCHETTE. »

Ce cri : « Je n'en ai pas assez » n'est-il pas navrant ?

« Lure, le 12 oct. 1877 (3 h. 25 soir).
« *Sous-préfet à préfet Vesoul.*

« Conformément à vos instructions, des gen-
« darmes seront présents durant toute la durée
« des opérations électorales à Servance, Fresse,
« Ternuay, Vy-les-Lure. Prière de me signaler
« les autres communes où cette mesure de sû-
« reté vous aurait été signalée comme néces-
« saire. Réponse par télégraphe.
Signé « Comte de la ROCHETTE. »

Nos amis de Servance, Fresse, Ternuay, Vy-les-Lure passaient pour particulièrement dangereux.

« Paris, 14 oct. 1877 (10 h. 55 matin).
« *Sous-secrétaire d'Etat intérieur à*
« *sous-préfet Lure.*

« Informez d'urgence M. Desloye que M. le
« ministre de la Justice a bien voulu, sur sa

« demande, accorder réduction de peine au
« sieur Y.

Signé : « Baron REILLE. »

« Lure, le 14 oct. 1877 (1 h. soir).
« *Sous-préfet à maire Plancher-Bas.*

« Sur votre demande, M. le ministre de la
« Justice vient d'accorder réduction de peine
« au sieur Y. Avertissez-le.

Signé : « Comte de la ROCHETTE. »

Et dire que le corps électoral est resté insensible en présence de pareils bienfaits.

« Vesoul, 22 octobre (4 h. 1/2 soir).
« *Préfet à sous-préfets Gray et Lure.*

« Veuillez m'adresser, sans retard, le montant de vos frais de tournée, comme je vous
« l'ai déjà demandé.

Signé : « Comte de MASIN. »

Les frais de tournée devaient atteindre une forte somme, et il était sage d'en régler le montant avant la chûte du ministère. — Les bons comptes font les bons amis.

« Vesoul, le 2 nov. 1877 (3 h. 1/2 soir).
« *Préfet à sous-préfets Gray et Lure.*

« Veuillez me faire parvenir par le prochain
« courrier tous les renseignements que vous
« avez pu vous procurer dans votre arrondis-
« sement au sujet des manœuvres et griefs re-
« levés à la charge des candidats à la députation
« pendant la période électorale.

Signé : « Comte de MASIN. »

Ah ! si l'on avait pu faire invalider les républicains élus !

« Vésoul le 6 nov. 1877 (4 h. 1/2 soir).

« *Préfet à sous-préfet Gray.*

« Ministre de l'Intérieur désire que les séna-
« teurs conservateurs se rendent à Paris dans
« le plus bref délai. Invitez M. Dufournel à
« partir dès ce soir, si c'est possible.

Signé : « Comte de MASIN. »

Et M. Jobard ?

Je vous ai fait entrevoir le 16 Mai en déshabillé : Ce n'est peut-être point là un beau spectacle, mais c'est un spectacle salutaire.

On raconte que les Grecs, désireux d'apprendre à leurs fils la tempérance, leurs montraient des esclaves ivres.

N'oublions jamais, pour éviter le despotisme et le fléau de la candidature officielle, les procédés de MM. de Broglie, de Fourtou et Cie.

VI

COMPTE-RENDU A MES ÉLECTEURS

Tandis que les artisans du 16 Mai nous donnaient ainsi la mesure de ce que serait le gouvernement placé définitivement entre leurs mains, tandis que les lois étaient méconnues, les citoyens menacés, les républicains jetés en pâture à la calomnie, — que faisions-nous ?

Suivant l'exemple de nos chefs, Thiers, Grévy, Gambetta, nous combattions avec toute notre franchise, avec toute notre activité. Dans nos tournées à travers les villages, dans nos réunions où les électeurs étaient convoqués sans distinction de nuance politique, — par la plume et par la parole, — nous disions hautement — et clairement — et fièrement notre pensée. Nous prêchions la modération qui est le vrai signe de la force, la vigilance qui fait gagner les batailles, l'honnêteté qui rend digne de la victoire, l'énergie que donne la conscience du droit. A mesure qu'approchait l'heure décisive, nous sentions grandir notre foi dans l'âme de la patrie; nous poursuivions la lutte avec un entrain et une bonne humeur qui nous mettaient de plus en plus le sourire aux lèvres, en face de nos adversaires, dont le visage s'assombrissait; et dans les villes et les campagnes, jusqu'au fond des hameaux perdus, passait comme un souffle de vaillance et de loyauté.

C'est ainsi que la circonscription de Lure a réuni sur mon nom une majorité de 2,500 suffrages, et que le dépouillement définitif, en ce qui concerne la Haute-Saône toute entière, fait ressortir au profit des républicains une supériorité d'environ 8,000 voix sur la coalition des monarchistes multicolores.

Je reproduis ici les deux circulaires que je vous adressais, l'une pour les élections législatives du 14 octobre 1877, l'autre pour le scrutin du 4 novembre suivant relatif au Conseil général. Ces textes constituent le pacte qui nous lie. J'établirai sans peine que je suis resté fidèle à mes engagements.

I.

Aux électeurs de la circonscription de Lure.

« Messieurs et chers concitoyens,

« Les délégués républicains des cinq cantons formant la circonscription de Lure m'ont fait l'honneur de me choisir comme candidat à la députation.

« Si ce choix était ratifié par les électeurs, je siégerais à côté de MM. Noirot et Versigny, anciens et futurs représentants de Vesoul et de Gray, compris dans les 363 membres de l'Assemblée dissoute, qui se sont séparés le 25 juin aux cris de :

« *Vive la République ! Vive la Paix !*

« Les mandataires que vous allez élire seront chargés en 1880 de réviser la Constitution.

« La République est déjà si forte aujourd'hui que ses adversaires n'osent l'attaquer ouvertement ; mais vous savez qu'ils se divisent en deux groupes :

« 1° Les royalistes, qui rêvent de rétablir Henri V, — dont les princes d'Orléans ne sont plus que les héritiers très humbles, — avec le drapeau blanc, avec la suppression du suffrage universel au profit d'une caste privilégiée, basée sur l'origine ou la richesse, avec la menace d'une guerre contre l'Italie soutenue par l'Allemagne.

« 2° Les impérialistes, qui n'ont point désavoué Bazaine, et qui, responsables de l'invasion, de la ruine, du démembrement et presque du déshonneur de la Patrie, nous entraîneraient à de nouveaux désastres tels que Sedan.

« Royalistes et impérialistes se détestent ou se méprisent les uns les autres. Si, par aventure, leur coalition arrivait au pouvoir, ils se disputeraient la France, et la guerre civile ajouterait ses douleurs à celles de la guerre étrangère.

« C'est pour éviter ces fléaux que je veux, — que j'ai toujours voulu, — une République prudente et ferme, clairvoyante et virile, loyale et généreuse.

« Je demande une instruction nationale, qui prêche l'amour de la patrie, le respect de la famille, les vertus fécondes de l'Évangile, — qui rende tout citoyen français digne de la liberté et lui permette de conquérir son rang légitime, c'est-à-dire celui que lui assignent, non point sa naissance ou sa fortune, mais les forces de son esprit ou les vertus de son cœur.

« En matière de culte, je suis opposé à la séparation de l'Eglise et de l'Etat ; mais je souhaite, dans l'intérêt même de la religion, que le prêtre — comme le magistrat, — reste, — je ne dirai pas : en dehors, — je dirai : au-dessus de nos luttes politiques.

« Je suis partisan de la réduction du service militaire de cinq à trois années, réforme équitable et économique qui rendrait des bras à l'agriculture, et qui a été repoussée à deux reprises par votre ancien député.

« Il me paraît urgent de faire disparaître de nos budgets, grâce à des diminutions dans les dépenses, une partie des taxes indirectes qui entravent le développement de nos échanges, une partie des impôts de consommation qui augmentent la cherté de la vie.

« Je crois enfin que ma carrière passée me rend capable d'aborder l'étude des questions ouvrières et de défendre les intérêts engagés dans le renouvellement prochain de nos traités de commerce.

« Actif et laborieux, indépendant par ma situation et par mon caractère, habitant la Haute-Saône et résolu à y maintenir ma résidence, j'ai conscience que je pourrais vous être utile comme député. Vous me trouveriez toujours prêt à vous rendre service dans la mesure de mes forces, et j'aurais soin de passer les mois de vacances à Mollans, d'où je rayonnerais dans nos cinq cantons pour vous rendre mes comptes et pour connaître vos besoins.

« Il y a sept ans à peine que l'empire a fait son plébiscite ; les ministres d'alors vous exhortaient à voter « *Oui!* », — et quelques mois plus tard l'ennemi foulait notre terre de Franche-Comté.

« Les élections présentes constituent un nouveau plébiscite : Il s'agit de choisir entre notre République lumineuse et la coalition des ténèbres, entre les garanties du régime parlementaire et les dangers du gouvernement personnel.

« Songez, en déposant votre bulletin dans l'urne, que vous tenez entre vos mains l'avenir même de la France. Ecoutez, — ô vous les fils de 89, — la grande voix de la Patrie, qui souffre encore des misères dues au despotisme, et qui vous demande, à l'abri du drapeau tricolore, la paix, la justice et la liberté.

Signé : « CH. BAÏHAUT,
« *Ingénieur civil, ancien élève de l'Ecole*
« *polytechnique.* »

II

Aux électeurs du canton de Lure.

MESSIEURS ET CHERS CONCITOYENS,

« Vous avez affirmé, le 14 octobre, votre inébranlable attachement à la République, en donnant au candidat républicain à la députation une majorité d'environ *neuf cents voix.*

« Les ministres, battus dans la France entière, auraient dû se soumettre, sans retard, au verdict de la nation ; ils semblent jusqu'ici ne tenir aucun compte de sa décision souveraine, s'appuyant sans doute sur la majorité incertaine de quelques voix qu'ils se flattent de conserver au Sénat.

« Cette dernière espérance va s'évanouir comme les autres.

« Les assemblées départementales seront réélues par moitié le 4 novembre, et vous savez que leurs membres sont de droit électeurs sénatoriaux.

« La Patrie fera définitivement comprendre aux hommes du 16 mai qu'elle veut se gouverner elle-même, dans la paix et l'indépendance ; elle ne confiera qu'à des républicains loyaux, fermes, sincères, la grave mission de renouveler le Sénat.

Électeurs,

« C'est dans cet esprit que nous nous présentons à vos suffrages, l'un pour le Conseil général, l'autre pour le Conseil d'arrondissement, avec cette confiance que donnent à des citoyens les convictions fortes et l'amour de leur pays.

« Vous n'ignorez pas quels liens puissants nous attachent au canton de Lure; vous êtes certains de trouver en nous les défenseurs ardents, énergiques et fidèles de vos intérêts, de vos droits et de vos libertés.

Signé : « Ch. Baïhaut,
« *député, candidat au Conseil général.*

Julien Vitte,
« *maire de Roye, candidat au Conseil*
« *d'arrondissement.* »

La rentrée du Parlement eut lieu à Versailles, le 7 novembre 1877. Grévy fut nommé président de la Chambre et prononça, en s'asseyant au fauteuil, les paroles suivantes :

« Je m'efforcerai de me tenir à la hauteur de « ma mission, comme la Chambre, j'en suis « certain, se tiendra, par sa modération et sa « fermeté, à la hauteur de la sienne, s'inspirant « de l'admirable sagesse et de la volonté souve- « raine du pays, qui est avec elle. »

Un comité de 18 membres, pris dans les

diverses nuances républicaines, fut chargé d'imprimer une direction unique à notre résistance, et le 17 novembre, 312 voix contre 211 décidèrent la formation d'une Commission d'enquête chargée d'examiner les actes du gouvernement pendant la période électorale, après un énergique discours où Gambetta interrogeait ainsi les ministres, tout pâles sur leurs bancs :

« Pendant cinq mois, vous avez fermé la « bouche à vos adversaires ; pendant cinq mois, « vous avez interdit toutes les polémiques ; vous « avez eu la prétention de parler seuls à ce pays, « par les murs, par les brochures, par les jour- « naux subventionnés. — Où avez-vous pris de « l'argent pour faire tout cela ?

« Vous avez poussé tous les fonctionnaires, « tous les asservis de l'administration, vous « avez poussé le clergé dans la lutte électorale. »

Le Cabinet de Broglie-Fourtou se résigna enfin à donner sa démission, faisant place à un cabinet extra-parlementaire, dont l'existence semblait n'avoir d'autre but que de masquer de sinistres préparatifs, poursuivis dans l'ombre.

On osait parler d'une dissolution nouvelle ; des bruits de coup d'Etat flottaient dans l'air. A ces menaces, la majorité, compacte, impassible, sûre du patriotisme de l'armée, répondit en refusant de discuter le budget, c'est-à-dire d'abandonner les cordons de la bourse à des ministres qui n'avaient la confiance, ni du parlement, ni du pays.

Le 6 décembre, le maréchal *se soumit*, et M. Dufaure devint président du Conseil.

200 députés tenaient leur mandat d'électeurs trompés par la candidature officielle. Au lieu de briser en bloc toutes ces élections, l'Assemblée jugea qu'il était préférable de les examiner une à une. 70 invalidations ont été prononcées : 60 représentants sont venus grossir les rangs de la gauche.

L'année 1878 a d'ailleurs été consacrée à l'Exposition universelle, durant laquelle Paris républicain a offert au reste du monde l'hospitalité la plus merveilleuse, et dès les premiers jours de 1879, le 5 janvier dernier, la France, renouvelant le tiers des sénateurs, nous assurait à la Chambre haute une supériorité de 54 voix.

Le maréchal de Mac-Mahon s'est alors *démis*, et en quelques heures, le Congrès lui a donné Grévy pour successeur, tandis que Gambetta devenait président de la Chambre basse, cédant la direction de la commission du budget à M. Brisson, président de ce groupe de l'Union républicaine, qui m'a fait l'honneur de me choisir pour secrétaire.

C'est ainsi que, par la seule puissance du bulletin de vote, la volonté nationale a mis à la raison les perturbateurs du prétendu « ordre moral. »

Je vous avais promis d'être un de ceux qui affirmeraient votre droit souverain et feraient justice des coupables. J'ai tenu ma parole. J'ai abordé la tribune à quatre reprises, pour demander et obtenir l'invalidation de MM. de la Rochejacquelein, Ricot, Combes et Dubois, candidats officiels dans les Deux-Sèvres, la Haute-Saône, le Tarn et la Seine-Inférieure. Membre de la commission d'enquête, j'ai cru devoir voter la mise en accusation des ministres violateurs de la loi, sans m'étonner que la majorité de mes collègues aient poussé la clémence jusqu'à se contenter d'une flétrissure morale, dont vous avez lu les termes sur la façade de vos mairies.

Je vous avais parlé d'une République « prudente et ferme, clairvoyante et virile, loyale « et généreuse. »

Notre Gouvernement a la prudence, car il marche pas à pas dans la voie du progrès. — Il aurait la fermeté nécessaire, le jour où l'ordre lui paraîtrait en péril.

Il voit clairement les obstacles qu'on cherche à semer sur sa route. — Il les surmontera virilement.

Il montre avec loyauté son drapeau, sur lequel sont inscrits les mots : Paix et travail. — Il est généreux, dédaignant les mesquines attaques de ses détracteurs, rouvrant les portes de la patrie à ceux qu'on peut considérer comme des égarés parmi les coupables de la Commune, sans d'ailleurs amnistier les autres ; — heureux enfin de rentrer lui-même dans sa capitale séculaire, où l'esprit de la France veillera sur lui.

Passons à la question d'enseignement et à la question religieuse, que signalait ma profession de foi.

La République, qui se fonde sur le droit de suffrage accordé à chaque citoyen, a pour objectif de développer la raison humaine, le libre arbitre, l'âme individuelle, et de recueillir dans les masses populaires les plus belles intelligences pour leur donner le premier rang, au grand avantage de l'Etat, — tandis que les autres systèmes de gouvernement s'appliquent à maintenir l'autorité suprême et exclusive à des classes privilégiées formées d'après la naissance ou la fortune.

— Ai-je besoin de vous dire que j'ai appuyé toutes les améliorations propres à éclairer notre jeunesse française ?

En somme, le budget de l'instruction publique a été porté de 23 à 56 millions, et nous examinerons l'hiver prochain un projet de loi complet sur l'enseignement primaire, qui accorderait la gratuité en imposant l'obligation, principe énoncé depuis longtemps, car Platon, le grand philosophe grec, écrivait déjà plus de quatre siècles avant Jésus-Christ :

« On ne doit pas laisser à la disposition des « parents d'envoyer leurs enfants aux écoles, ou « de négliger leur éducation..... — par la raison « qu'ils sont moins à leurs parents qu'à la « patrie. »

— En même temps, la République élevait le budget des cultes de 49 à 53 millions, et cette année encore, nous avons accru de 200,000 francs le traitement des desservants les plus pauvres.

— D'où vient donc l'âpreté avec laquelle on nous accuse parfois d'être les persécuteurs du clergé ?

Voici comment s'exprimait Gambetta il y a deux ans à peine :

« Je n'ai jamais attaqué la religion ni ses « ministres quand ils se sont renfermés dans « leur domaine religieux, moral et sentimental ; « mais j'ai combattu et je combattrai les hommes « qui, à l'aide du trouble et de la confusion, « veulent faire un instrument de domination et « de règne de ce qui ne devait être qu'un moyen « de consolation et d'assistance. »

Ainsi donc, nous respectons les ministres du culte, qui eux-mêmes, en 1848, n'hésitaient pas à bénir les arbres de la liberté. Ce que nous ne pouvons admettre, c'est que, sous le couvert de la religion, un certain parti, dont le mot d'ordre vient de l'étranger, prétende mettre la main sur les affaires temporelles de ce pays.

Notre formule est la suivante :

Le prêtre à l'église.

L'instituteur à l'école.

Le citoyen au foyer domestique.

C'est sur de tels principes que sont basés les projets de M. Jules Ferry. Je les ai votés, et je suis convaincu qu'ils obtiendront la sanction du Sénat. Le père de famille, qui tient à faire instruire son fils par des congrégations, restera libre de le confier à celles qui sont autorisées. Le fameux article 7, en effet, n'enlève le droit d'enseigner qu'aux corporations qui refusent de soumettre leurs statuts au contrôle de l'Etat.

— La plus illustre est celle des Jésuites, qui, politique autant que religieuse, a été quatre fois expulsée de France, notamment par le roi Charles X, aïeul du Comte de Chambord, chassée à deux reprises par l'Angleterre, l'Espagne, le Portugal et la Russie, combattue par nos meilleurs prélats, entr'autres Bossuet, dissoute même en 1773 par un bref du pape Clément XIV.

Une des conséquences les plus graves des folies impériales a été la nécessité du service militaire obligatoire. Ce service a été fixé à 5 ans dans l'armée active, et en me présentant à vos suffrages, je m'étais déclaré partisan de sa réduction à 3 années. — C'est là un moyen d'affaiblir, par une répartition plus équitable, une charge qui restera encore très lourde ; c'est, en outre, un moyen de rendre plus vite à l'agriculture les bras robustes dont elle a besoin.

Le ministre de la guerre tente dès aujourd'hui l'expérience de cette réforme : La classe, qui va partir sous les drapeaux, n'y restera que 3 années; mais vous avez déjà compris que, pour maintenir à l'armée son importance numérique, il a fallu augmenter le nombre des conscrits classés dans la première portion du contingent.

En résumé, le nombre des soldats présents

dans le rang ne changera pas ; mais au lieu d'être astreints, les uns à 5 ans, les autres à six mois de service, nos jeunes gens consacreront tous 3 ans à la patrie.

Peut-être profitera-t-on de cette augmentation de la première partie du contingent pour insinuer à votre oreille que la guerre nous menace Vous vous contenterez de renvoyer ces agitateurs de mauvaise foi à l'histoire des rois de France et des Napoléon. — Vous savez bien que la République et la Paix sont représentées par le même symbole : Une femme couronnée d'épis mûrs et de feuilles d'olivier.

Nous avons certes repris notre place dans les concerts de l'Europe; mais nous y tenons le langage de la conciliation. Une seule guerre est admissible, celle d'un peuple défendant ses foyers ; et si nous avons reconstruit nos forteresses, si nous entretenons une armée puissante, entourée de sympathie et de respects, si nous avons accru les pensions militaires et amélioré le sort du sous-officier, c'est parce qu'à nos yeux, la plus sûre garantie contre toute attaque est la certitude donnée aux nations que, respectueux des droits et de la liberté de chacun, nous serions capables, le cas échéant, de sauvegarder notre indépendance et notre honneur.

Acceptons comme un devoir civique le dur métier de soldat, relevé, allégé, égalisé le plus possible : C'est là une des recommandations républicaines, et quoique député, j'ai eu soin moi-même de conserver mon grade de capitaine d'artillerie territoriale.

Si durant les 18 années de l'empire, où la création des chemins de fer imprimait un prodigieux élan aux transactions commerciales, tant de millions n'avaient pas été absorbés par le gaspillage et les aventures belliqueuses, notre état financier ressemblerait à celui de la Suisse. Notre dette, au contraire, a grandi de 15 milliards, et depuis 1871, il a fallu imaginer 800 millions de nouveaux impôts pour payer les frais de la défaite et de l'invasion.

Mais la République a déjà fait ce que n'avait jamais réalisé aucun gouvernement monarchique : Elle a, depuis 1876, aboli 108 millions d'impôts annuels, dégrevant tour à tour le trafic par petite vitesse, les savons, les lettres et télégrammes, les patentes.

Le remaniement du tarif concernant les chevaux et voitures aboutira à un autre allégement de 1 million, et les 4 millions que produisent les taxes sur la navigation intérieure, vont aussi disparaître de nos budgets.

Nous dégrèverons sous peu les vins et les alcools, puis le sucre et le café; nous augmenterons probablement l'impôt sur les cigares de luxe en diminuant l'impôt sur le tabac ordinaire, et vous n'ignorez pas que, dans notre région, les zônes ont été étendues.

— Combien la France laborieuse mérite qu'on ait souci de ses intérêts matériels !

Malgré son lourd fardeau, elle s'est remise au travail, après la guerre, avec une ardeur qui lui a valu l'admiration universelle. — Voyez comme sa prospérité se lie aux fluctuations de la politique :

En 1873, Thiers est près d'achever son œuvre. — Les excédants de recettes s'élèvent à 177 millions de francs.

1874 est l'époque sombre des projets de restauration monarchique. — Le déficit est de 35 millions.

En 1875, on vote la Constitution républicaine. — La plus-value atteint 140 millions.

Les influences néfastes réapparaissent avec 1877. — La moins-value est de 9 millions.

En 1878, après la victoire des 363, l'excédant se chiffre par 77 millions, et pour les premiers mois de 1879, il est déjà de 108 1/2 millions.

Ce dernier résultat est d'autant plus remarquable qu'une crise industrielle et agricole pèse sur le monde entier. Il est indispensable d'y porter remède, et la Chambre des députés a consacré de longs mois à une enquête plus approfondie que toutes les enquêtes ordonnées jusqu'à ce jour.

Nous viendrons au secours de nos producteurs, soit en nous efforçant de réduire les impôts de consommation qui font la cherté de la vie et de la main d'œuvre, soit en modifiant dans une juste mesure les tarifs de douane qui seront discutés l'hiver prochain, soit en terminant nos rades, nos canaux, nos chemins de fer, et en abaissant le coût des transports, dont le bon marché constitue l'un des principaux secrets de la prospérité commerciale aux Etats-Unis.

M. le ministre des Travaux publics compte dépenser 500 millions pendant 12 années, ce qui fait un total de 6 milliards. La majeure partie de ces sommes annuelles sera fournie par les ressources, affectées depuis 1871 à la refonte de notre matériel de guerre, ressources devenues disponibles aujourd'hui; si bien que, sans accroître les charges publiques, nous fournirons un aliment précieux à nos chantiers, à nos usines, et, perfectionnant l'outillage commercial, donnerons un nouvel essor au génie français.

La République, c'est la paix.

La République, c'est la lumière.

La République, c'est aussi le travail.

Ma carrière passée m'a permis de rendre quelques services dans cette branche spéciale des affaires.

Secrétaire et rapporteur général du budget de 1870, membre de la commission chargée d'examiner les comptes de 1873, membre de la commission mixte de la marine et de la commission des voies navigables, membre de la commission des voies ferrées d'intérêt local et secrétaire de la grande commission actuelle des chemins de fer, j'ai pris la parole sur les dépenses des constructions navales, sur le régime de la Seine, sur notre canal de l'Est.

Nous avons obtenu le classement de la voie d'eau qui doit relier la Saône avec le canal du Rhône au Rhin; L'exécution vers Champagney commencera à bref délai; l'étude d'un embranchement sur Héricourt est terminée.

Nous avons fait voter l'établissement aux frais de l'État de la voie ferrée de Lure à Villersexel et à Loulans-les-Forges : l'étude est annoncée par voie d'affiches et sera entreprise sans retard.

Je figure parmi les cinq membres du Sénat ou de la Chambre, qui, réunis en commission extra-parlementaire, se préoccupent de réaliser, s'il est possible, le percement du Simplon, afin de maintenir en France, à travers notre province, le transit de l'Angleterre vers l'Italie et les Indes, que le percement très-avancé du St-Gothard menace de donner à l'Allemagne.

Je n'ai point oublié, conformément aux termes de ma circulaire, les questions spéciales dont la solution présente un si grand intérêt pour les nombreux ouvriers de l'arrondissement. Outre la loi générale sur les associations, la Chambre s'apprête à réformer l'organisation des prudhommes, suivant un rapport qui était déjà distribué avant les vacances.

J'avais enfin promis de résider dans la Haute-Saône, d'employer les mois disponibles à vous rendre visite, de prendre soin de toutes les affaires qui me seraient confiées.

Savez-vous bien que, depuis deux ans, j'ai mis pour vous à la poste plus de *huit mille* lettres, et que, parmi les reproches dont m'accablent nos adversaires, le plus sérieux consiste à trop écrire, à trop parler, à faire trop de kilomètres sur nos chemins ?

La réaction préférerait sans doute un député républicain, qui aurait — pour elle — l'avantage d'être manchot, muet et boiteux.

— Qu'elle en prenne son parti ! J'ai trop plaisir à la faire enrager, et je suis trop heureux de vous être utile dans la mesure de mes forces,— pour ne point agir dans l'avenir comme j'ai agi dans le passé.

VII

LA RÉPUBLIQUE VIVRA

Après avoir examiné ce qu'a entrepris la République depuis 1870, soit pour la sauvegarde de notre honneur, soit pour le relèvement de nos ruines, soit pour le progrès de notre démocratie pacifique, éclairée et libre, je veux résumer en quelques mots la situation présente et vous esquisser la figure que font les représentants des vieux partis.

Il existe encore des insensés dont l'idéal est le règne de Louis XIV. Eh bien, lisez ce tableau des misères nationales sous celui qu'ils appellent « le grand Roy : »

« Tandis que l'incendie de cent soixante-dix
« villages empourpre les Cévennes, quelles
« libertés a le peuple de France ? une seule :
« celle de mourir de faim. Les chaumières dé-
« sertes croulent, l'ivraie remplit la solitude des

« champs. Les paysans bourguignons habitent « des halliers, comme des fauves. Dans le Dau-« phiné, dans la Picardie, en Normandie, on vit « de pain de fougère, de pain de gland, de pain « de racines, de pain d'ordures végétales. On « mange des chardons, des limaces, des charo-« gnes. Les agonisants sont dévorés par les « loups au revers des fossés. On se bat, on se tue « pour un morceau de pain d'avoine. Les moines « prêchent des squelettes, des foules à demi nues « s'en vont par les chemins, criant : « miséri-« corde, mon Dieu, miséricorde ! Faut-il que « nous mourions de faim ? » — Une immense « désolation plane. Dans le pays, la famine ; à « la cour, les derniers bruits de ces fêtes scanda-« leuses où Mme de Montespan perdait sept « cent mille écus dans une seule partie. Le roi « est très-pieux, il est vrai : — « Il ne manqua « la messe qu'une fois dans sa vie », dit Saint-« Simon..... Son peuple le maudit et fera des « feux de joie le jour de ses obsèques.

« Ah ! que la malédiction des torturés et des « morts de faim reste sur tout ce hideux passé « qui, certes, ne revivra point ; car il suffit « de l'évoquer pour entendre gronder dans les « foules le cri sauvage d'Ezéchiel : — « Ni eux, « ni leurs rois, ni les carcasses de leurs rois ! »

Voilà pourquoi nos pères ont fait 89.

La contre-révolution a pourtant conservé un chef, le comte de Chambord.

L'illustre Châteaubriand, — un royaliste, — aurait voulu qu'il renonçât de son plein gré à la couronne : « Comparez cette fin, écrivait-il, a « celle que feraient les fils décrépits de Henri IV, « accrochés obstinément à un trône sub-

« mergé dans la démocratie, essayant de con-
« server le pouvoir à l'aide des mesures de
« police, des moyens de violence, des voies de
« corruption, et traînant quelques instants une
« existence dégradée. »

« Henri V » exilé ne s'en drape pas moins dans le manteau à fleurs de lys, le drapeau blanc à la main.

Suivant le mot attribué à M. le comte de Mérode :

« Le petit-fils de Charles X agit et se consi-
» dère comme la quatrième personne de la Ste-
« Trinité. »

Le 26 juillet 1879, il datait encore de Frosdorff une lettre se terminant ainsi :

« Armé de cette force, et avec la grâce de Dieu,
« je puis sauver la France, je le dois, et je le
« veux. »

C'est là une douce folie qui ne fait grand mal à personne.

Le 29 septembre dernier, le Gouvernement a laissé les légitimistes célébrer tout à leur aise la Saint-Henri dans des banquets jugés inoffensifs ; cette « journée des fourchettes » s'est terminée par quelques cris de : « Vive le Roy ! » jetés au dessert.

Crions à notre tour : — « Vive la République
« tolérante et dédaigneuse ! »

J'oubliais un détail : Le système monarchique se fonde sur l'hérédité ; or, le comte de Chambord n'a pas d'enfants.

— Qui lui succédera ?

— Sera-ce don Carlos, qui convoite déjà l'Espagne, où ses bandes se sont rendues célèbres en pillant les villages et arrêtant les diligences ?

— Sera-ce un prince d'Orléans ?

Cette famille d'Orléans apparaît dans notre histoire comme ayant été rarement fidèle à ses parents assis sur le trône, avec la secrète ambition de s'y asseoir à leur place. Depuis Gaston Phœbus qui conspirait contre Louis XIV et abandonnait ses amis quand le complot avait été découvert, jusqu'à Philippe-Egalité, qui, membre de la Convention, votait la mort de Louis XVI, la branche cadette s'est toujours distinguée par une sorte d'*habileté* politique, qui peut être une force au milieu des intrigues de palais ou de couloir, mais qui ne saurait convenir à la pleine lumière du suffrage universel.

Les fils de Louis-Philippe, ayant obtenu, en 1871, l'abrogation des lois d'exil, ont eu pour premier soin de réclamer un certain nombre de millions à la patrie envahie, ruinée, agonisante.

Le comte de Paris, après avoir promis fidélité à la République, s'est empressé d'oublier, et cette promesse, et le testament de son père et de sa mère qui lui recommandaient de rester fidèle aux principes de 89 ; il s'est rendu à Frosdorff dès le mois de septembre 1873, pour rendre hommage au comte de Chambord, et il déclare aujourd'hui, dans une lettre rendue publique, qu'il a voulu affirmer ainsi « le seul principe « dans lequel la France pourrait un jour trouver « son salut : l'hérédité. »

Les princes d'Orléans acceptent donc le système politique d'« Henri V » ; ils renient la Révolution française ; leur drapeau devient ce drapeau blanc, devant lequel, disait le maréchal de Mac-Mahon lui-même, « les chassepots partiraient tout seuls. »

Oyez pourtant les paroles que prononçait, le 11 juin 1837, devant les élèves de l'École de St-Cyr, le roi Louis-Philippe, aïeul du comte de Paris :

« Vous saurez soutenir l'honneur du drapeau
« tricolore, comme l'ont fait vos devanciers, et
« si jamais vous deviez le porter au combat, la
« France entendrait de nouveau retentir dans
« vos rangs ce cri des contemporains de ma
« jeunesse :

« Nous entrerons dans la carrière,
« Quand nos aînés n'y seront plus.
« Nous y trouverons leur poussière
« Et les traces de leurs vertus. »

A côté des légitimistes qui fredonnent :

« Vive Henri IV
« Vive ce roi galant ! »

et des orléanistes qui ne chantent plus la *Marseillaise*, s'agitent les bonapartistes, sur l'air de :

« Partant pour la Syrie. »

Vous connaissez leur histoire, faite de sang et de larmes.

« Un homme comme moi, disait Napoléon 1er,
« *se soucie peu* de la vie d'un million
« d'hommes. »

Et le prince de Metternich, qui reproduit ces paroles, ajoute entre parenthèses dans le texte :

« (Je n'ose me servir ici de l'expression « beaucoup plus énergique employée par Na- « poléon). »

— « Ah ! si la République, s'écriait Lamar- « tine, devait aboutir à cette impasse du bona- « partisme ; si les révolutions et les démocraties « devaient se perdre dans ce nom de soldat « rebelle à l'esprit humain et grand réaction- « naire du siècle, substitué au nom de la patrie, « nous tous, morts ou vivants, qui avons vécu, « pensé, senti, agi, parlé, combattu, souffert, « versé notre âme ou notre sang en France « depuis 1789, pour la cause de l'esprit humain, « de nos libertés, de nos vérités, cachons-nous, « prosternons-nous dans notre honte, confessons « que nous sommes des têtes sans idées, des « cœurs sans courage, des combattants sans « cause, des martyrs sans religion, ou plutôt « couchons-nous pour mourir une seconde fois « sur la poussière de tant de révolutions sans « but et sans fruit pour le peuple, et rejetons « les gouttes de notre sueur et de notre sang « au ciel, en dérision de notre misère et en re- « proche de sa moquerie. »

Depuis lors, — hélas ! — nous avons vu le crime du 2 Décembre, la folie du Mexique, la lâcheté de Sedan.

Vous savez quelles scènes scandaleuses ont été provoquées au parlement, cette année même, par les députés de la faction.

« Si le plan que j'avais élaboré n'a pas réussi, « c'est qu'il est certaines pusillanimités dont « rien au monde ne saurait triompher.

« Tout en regrettant que le mal révolution-

« naire n'ait point été écrasé dans l'œuf, je me « conforme aux desseins de la Providence. »

Ces mots, qui les a écrits ?

Le « prince impérial, » la veille du jour où il partait, sous l'uniforme anglais de Sir Hudson Low, l'ancien geôlier de Napoléon Ier à Sainte Hélène, pour combattre les sauvages de l'Afrique.

Vous voyez que le jeune homme promettait. Un zoulou l'a tué dans une embuscade : — Paix à sa cendre !

— Qui le remplace comme prétendant ?

Celui que nos soldats ont surnommé *Plon-plon.*

M. Cunéo d'Ornano, député bonapartiste, menaçait les 363, pendant la période du 16 Mai, de les réduire en *pâtée pour les chiens.*

Et bien, son chef actuel était un des 363.

M. Paul de Cassagnac écrivait :

« Le jour où le nom des Napoléon ne sera plus « représenté que par le plus indigne, par le « prince Jérôme-Napoléon, il n'y aura pas de « dynastie qui tienne, et plutôt que de servir « un pareil homme, que la France repousse avec « horreur, que l'armée bafoue et que le clergé « maudit, les députés de l'Appel au peuple, s'ils « n'avaient pas d'autre alternative, n'hésiteraient « pas à lui préférer, non-seulement le Comte de « Chambord, mais n'importe qui ! Il est hors de « la dynastie et n'y rentrera jamais. Pour notre « compte personnel, nous déclarons ne pas con- « naître de loi divine ou humaine qui nous oblige « à reconnaître dans ce sang vicié le sang noble « et généreux des Bonaparte. »

En dépit de ces aménités de plume, M. Paul de Cassagnac paraît aujourd'hui résigné à marcher derrière la bannière du prince Jérôme, à qui il s'adresse en ces termes :

« Il faut être prêt à jouer sa vie, à jouer tout, « à recommencer au besoin Boulogne ou bru- « maire, Strasbourg ou décembre......

« Monseigneur, êtes-vous prêt ? »

Tels sont les adversaires de la République. Ils se sont toujours haï ou méprisé les uns les autres :

« Il est sûr que les Bourbons, dit Napoléon Ier « dans le *Mémorial,* vont faire leur possible « pour encapuciner cette pauvre France; ils « vont la couvrir de moines et de prêtres, bien « plus par hypocrisie que par ferveur, tant ils « sont persuadés, et tant il est vrai que le trône « et l'autel sont des alliés naturels, indispen- « sables pour enchaîner le peuple et l'abrutir. »

Nous avons, en revanche, reproduit plus haut les jugements portés sur le second empire, le lendemain du 4 Septembre 1870, par les journaux royalistes, et nous avons également signalé l'attitude séculaire de la famille d'Orléans à l'égard de la branche aînée.

Enfin l'organe de M. Rouher, l'*Ordre*, publiait encore il y a peu de jours cette déclaration :

« La presse légitimiste nous attaque violem- « ment; elle fait bien, car nous sommes histori- « quement ses ennemis. »

Les trois partis, cependant, se sont coalisés depuis 1871 pour essayer d'asservir la France, qu'ils croyaient abattue par ses désastres. — Vaine tentative! Le suffrage universel, actuellement émancipé dans les campagnes comme dans les villes, ne saurait admettre, ni les rois qui mettent le prétendu droit divin au-dessus du droit populaire, ni les empereurs trompant le peuple pour le conduire à la boucherie.

La coalition réactionnaire est dissoute ; mais ses membres épars continuent à se persuader que la France a besoin d'un sauveur.

— Ce sauveur aura-t-il des favoris comme le Comte de Chambord, la barbe entière comme le Comte de Paris, la figure rasée comme le prince Napoléon ?

— Que nous importent ces discussions puériles ? La République vit, et elle vivra.

La Russie lutte contre les nihilistes qui brûlent des villes entières. Les sultans meurent étranglés. En Allemagne et en Italie, on attente à la vie des monarques. L'Angleterre voit les fermiers irlandais s'insurger en réclamant la possession du sol, tandis qu'à Newcastle, par exemple, six mille ouvriers sont sans travail et sans pain. L'Espagne ne peut sortir de la guerre civile, et les Belges eux-mêmes se battent dans les rues pour ou contre le syllabus.

La Turquie et l'Espagne sont ruinées ; l'Autriche, l'Italie, l'Allemagne, la Russie, ont leurs budgets en déficit; en Angleterre, les recettes n'accusent qu'un faible excédant.

Le Czar Alexandre touche par jour de l'Etat . . . . 125.000 francs.

Le sultan.	90,000	francs.
L'empereur d'Autriche. .	50,000	—
L'empereur d'Allemagne.	41,000	—
Le roi d'Italie	32,200	—
La reine d'Angleterre. .	31,350	—
Pendant ce temps, M. le président Grévy, y compris ses frais de voyage, reçoit à peine	2,500	fr.

Nos plus-values, depuis le 1er janvier, dépassent 108 millions, nous avons réduit d'une même somme les impôts annuels; ces dégrèvements seront poursuivis, et après avoir réparé les maux de la guerre, nous nous disposons à transformer le territoire en un vaste chantier de travaux, tout en instruisant, émancipant et relevant, conformément aux principes de 89, notre peuple de travailleurs.

A nos yeux, le plus sûr moyen de confondre nos adversaires, c'est de leur maintenir la liberté, en ne mettant de frein qu'à la licence.

Les royalistes peuvent banqueter, sans craindre les gendarmes: — Au moindre trouble, le tricorne apparaîtrait.

Les bonapartistes discutent les mérites des divers princes que la fatalité leur donne ou leur enlève tour à tour: — Si Jérôme Napoléon fait acte de prétendant, on le reconduira à la frontière.

Les exagérés de la Commune tiennent un langage révolutionnaire : La police veille, et l'ordre ne sera pas troublé.

On nous calomnie, on nous insulte, on nous menace : — Nous nous bornons à hausser les épaules, bien résolus à désarmer la haine, en faisant simplement notre devoir.

La République rendra tant de services à ce pays de France, elle sera si complètement l'organisme vivant du droit lui-même, elle plongera de telles racines dans notre sol fécondé par la paix et l'indépendance, que tous les hommes de bonne foi se rallieront chaque jour davantage autour de ses étendards.

Charles BAÏHAUT.

TABLE DES MATIÈRES

Belfort. — Imp. J. Spitzmuller.

www.ingramcontent.com/pod-product-compliance
Lightning Source LLC
LaVergne TN
LVHW010034230826
846091LV00005B/1697

* 9 7 8 2 0 1 2 8 5 8 4 0 4 *

www.ingramcontent.com/pod-product-compliance
Lightning Source LLC
LaVergne TN
LVHW010034230826
846091LV00005B/1697
* 9 7 8 2 0 1 2 8 5 8 4 0 4 *